СОЮЗ
МУЛЬТ
ФИЛЬМ

«МАЛЫШ»

СОЮЗМУЛЬТФИЛЬМ

Э. УСПЕНСКИЙ

ЗИМА В ПРОСТОКВАШИНО

«МАЛЫШ»

На Простоквашино зима опустилась. Не зима, а настоящая зимища, с метелями, снегопадами, морозами и прочей относительной зимней радостью.

И вдобавок ко всем сложностям зимы кот Матроскин поссорился с псом Шариком.

До того они рассорились, что никто из них не хочет дверь закрывать.

Кот Матроскин ходит по избе, как политический ссыльный, и ворчит:

Почтальон Печкин смотрел, смотрел на этот разлад, а потом говорит:

Про себя он подумал: «А с виду совсем богатенькие...» Матроскин ему отвечает:

Печкин подумал и говорит:

— Это он не подумавши сделал. У нас зимой национальная деревенская одежда какая? Валенки, штаны ватные, тулуп и шапка на меху. У нас зимой в кедах даже студенты не ходят. Балбес он, балбес! А вы скажите ему об этом. Раскройте ему глаза, чтоб у него прояснилось.

Печкин подумал и продолжил:

Не могу. Мы уже два дня с ним не разговариваем.

Не два, а три. Видите, даже не можем решить, кому дверь закрывать.

— Это дело поправимое, — говорит Печкин. — Если вы не разговариваете, можно телеграмму послать или письмо. На то и почта. Что нельзя сказать, то письмом посылают. Вам какой бланк — простой или поздравительный?

— Простой, простой, — говорит Матроскин. — Нечего его баловать.

Шарик на своей печке так и заметался. Ишь чего Матроскин о себе возомнил! Он голову сквозь занавески высунул и кричит:

Печкин говорит Матроскину:

— Только у меня простых бланков нет, у меня только поздравительные остались.

Матроскин ворчит:

— Опять расходы непредвиденные! Ну ладно, давайте ваш этот поздравительный.

Он взял карандаш и стал писать: «Шарик, ты балбес!»

Печкин прочитал, что Шарик пишет, и вмешался:

Матроскин сразу исправился:

И написал: «Поздравляю тебя, Шарик, ты балбес».

— А что дальше писать?

— Не знаю, — говорит Печкин. — Иногда про погоду пишут.

Матроскин пробормотал: «Погода у нас хорошая...»

Шарик из-за занавески высунулся и как закричит:

Вообще-то, если бы Печкин не был почтальоном, из него хороший воспитатель для младшей группы получился. Он бы всё запрещал, и дети у него сидели бы на стульях, как привязанные.

Шарик аж наполовину вылез из-за своей занавески:

Печкин и здесь на высоте оказался:

Печкин эту бандероль Матроскину принёс:

Кот сразу вскипел, как чайник:

И верно, у него в руках тут же утюг оказался.

И снова почтальон Печкин вмешался:

— Подождите, не торопитесь. Не надо горячку пороть. Утюг больше килограмма весит, значит, это уже посылка получается. Сейчас мы её доставим.

В это время в городе дядя Фёдор и папа крупным ремонтом занимались. Машина у них была «Запорожец».

— Чем же она удивительная, папа? — спрашивал дядя Фёдор.

— А тем. Если её два дня не поремонтировать, она на пять лет остановится.

Всё же папа любил ремонтные работы. Они его не тяготили. А вот мама постоянно раздражалась:

— Это почему же? — спрашивает папа.

— А потому, что не поймёшь, что валяется, где валяется и когда всё это кончится.

Мама решила папу окончательно на место поставить:

— А у вас она слишком весёлая. Вы с дядей Фёдором и в пинг-понг играете, и в прятки. И это старое корыто себе купили. Я как белка в колесе кручусь, чтобы вам хорошо жилось. Уж не знаю, чего вам не хватает.

Тогда папа твёрдым голосом сказал:

— Зачем? Мы и с одним не справляемся.

— А затем, — объясняет папа, — что с двумя легче. И сердитость, и строгость из дома уйдут. И цветы вянуть перестанут.

Но мама была непреклонна. Она сразу стала валерьянку пить и за сердце хвататься.

Тут дядя Фёдор ещё добавил:

— Хорошо, — сказала мама трагическим голосом. — Если вы хотите, вы можете сколько угодно ехать в ваше Простоквашино. А я не могу. У меня выступление на новогоднем Голубом огоньке.

Дядя Фёдор предложил маме:

— А ты садись на последнюю электричку и приезжай к нам.

Но с мамой нелегко было справиться. Она сказала:

— Я, конечно, люблю природу. Но не до такой степени, чтобы в концертном платье в электричках разъезжать.

Папа с ней согласился:

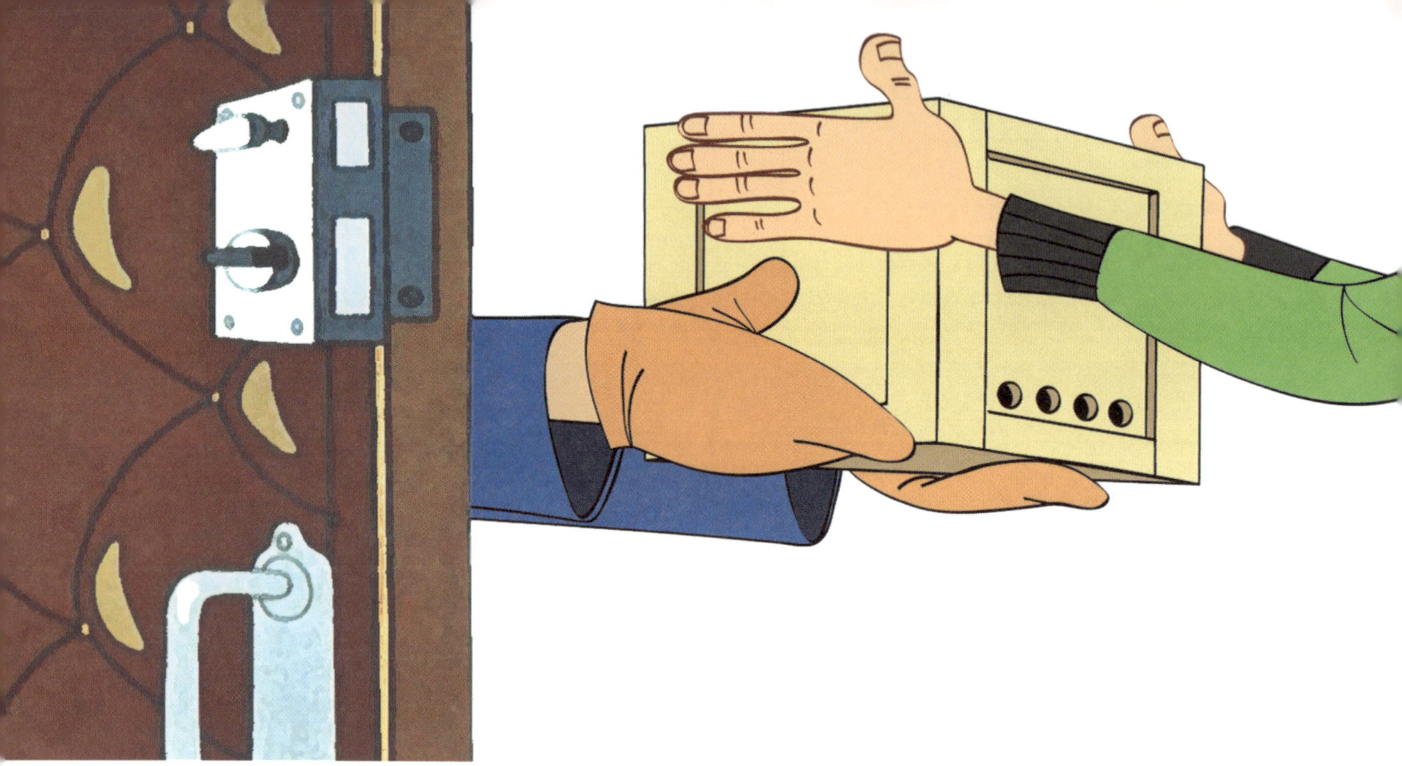

И тут в дверь кто-то из почтовых людей позвонил, и папе передали посылку.

— Ой, — догадался дядя Фёдор. — Это, наверное, мои прислали из Простоквашино — кот и Шарик.

Папа взял посылку и внимательно прочитал то, что там было написано: «Министерство Связи. Простоквашинское отделение. Говорящее письмо. Папе дяди Фёдора».

И верно, из ящика вылетел галчонок Хватайка с письмом в клюве. Несмотря на то, что у него было письмо, он во весь клюв кричал:

— Ничего себе, — сказал дядя Фёдор. — Они там совсем одичали, в лесу! Надо срочно ехать.

Папа никак не хотел ехать, не хотел маму «Голубому огоньку» доверять. Но дядя Фёдор его переубедил.

Тем временем почтальон Печкин глаз не спускал с дома дяди Фёдора. Он всё время туда заглядывал, или через дверь, или через окошко.

Матроскин долго фломастер облизывал, чтобы он лучше писал. А потом стал калякать: «Эх, ты, Шарик, совести у тебя нет! Скоро приедет дядя Фёдор. Срочно бери мою телогрейку, валенки и топор и иди в лес за ёлкой».

Печкин обрадовался: для него телеграмма — заработок. Он стал слова и буквы считать.

— Двадцать три слова и доставка. С вас, гражданин кот, пятьдесят рублей и сорок копеек.

Он телеграмму Шарику понёс:

Шарик сидит на печи, в занавеску закутавшись, как иностранный захватчик в зимней России.

— А вы поищите в карманах, — советует Печкин.

— Не буду.

— Почему?

— У меня и карманов нет. Я ему ответ нарисую.

Он с печки слез, в топку засунулся, взял уголёк и стал что-то чёрным по белой печке рисовать.

Кот сразу забеспокоился:

Матроскин обиделся:

Шарик стал ему объяснять:

Печкин снова в разговор вмешался:

— Разрешите поинтересоваться в целях повышения образованности: а кто такой будет Иван Фёдорович Крузенштерн?

— Наверное, он был не как ты. Он был хороший человек, раз его именем пароход назвали. И он ёлки бы рубить не стал. Он бы искусственную ёлку принёс.

Дверь открылась, и вошёл высокий человек в маске и с искусственной ёлкой.

Наши друзья хором сказали:

— Ну, уж вы совсем! — сказал папа и маску снял.
Все обрадовались, закричали:
— Ура, папа приехал!
Стали папу дяди Фёдора чаем угощать, потом хватились:
— А где же дядя Фёдор? А где же дядя Фёдор?!
Папа им ответил:

Все быстро стали шапки-валенки надевать и на улицу выходить. А на улице не метель, а метелище. Деревья стоят все в снегу. Снег новый, нехоженый. Красиво, но очень неудобно в такую погоду на машине ездить.

Шарик и Матроскин быстро Мурку в упряжку запрягли и телёнка Гаврюшу. И сами, конечно, в лямки впряглись.

Ну, чистые бурлаки на Волге!

Толкают они машину, толкают и между собой разговаривают:

И верно, я вам как автор сценария скажу, не видел я ездовых котов.

Печкин тоже в разговор включился:

Тут дядя Фёдор из кабины высунулся:

Как только в дом вошли, все стали к Новому году готовиться. Матроскин достал откуда-то старую гитару и запел красивую самовоспитательную пёсню:

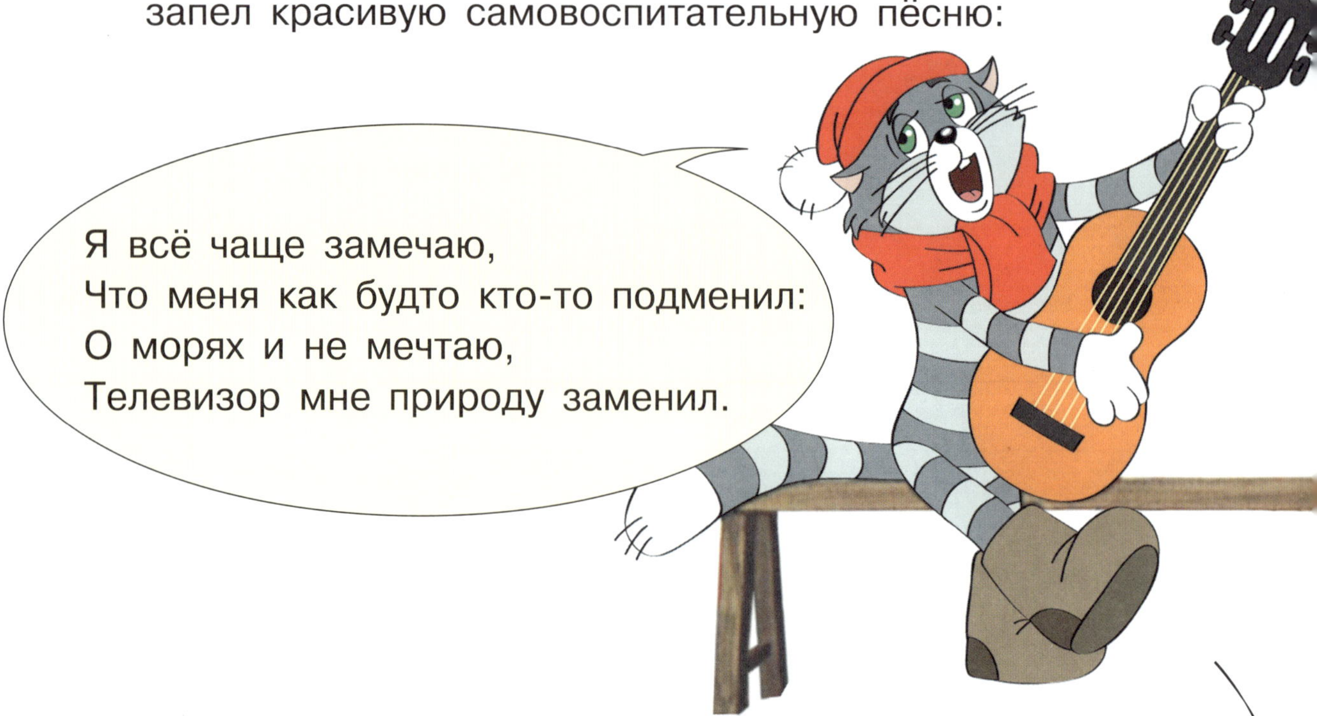

Шарик в это время пироги готовил, но песню он очень внимательно слушал, потому что у него были те же проблемы, что и у Матроскина.

Папа в это время чистоту в доме наводил. Для него много работы нашлось. Пока пёс и кот ссорились, у них всё промерзло и паутиной заросло.

Папа внимательно осмотрел телевизор и сказал:

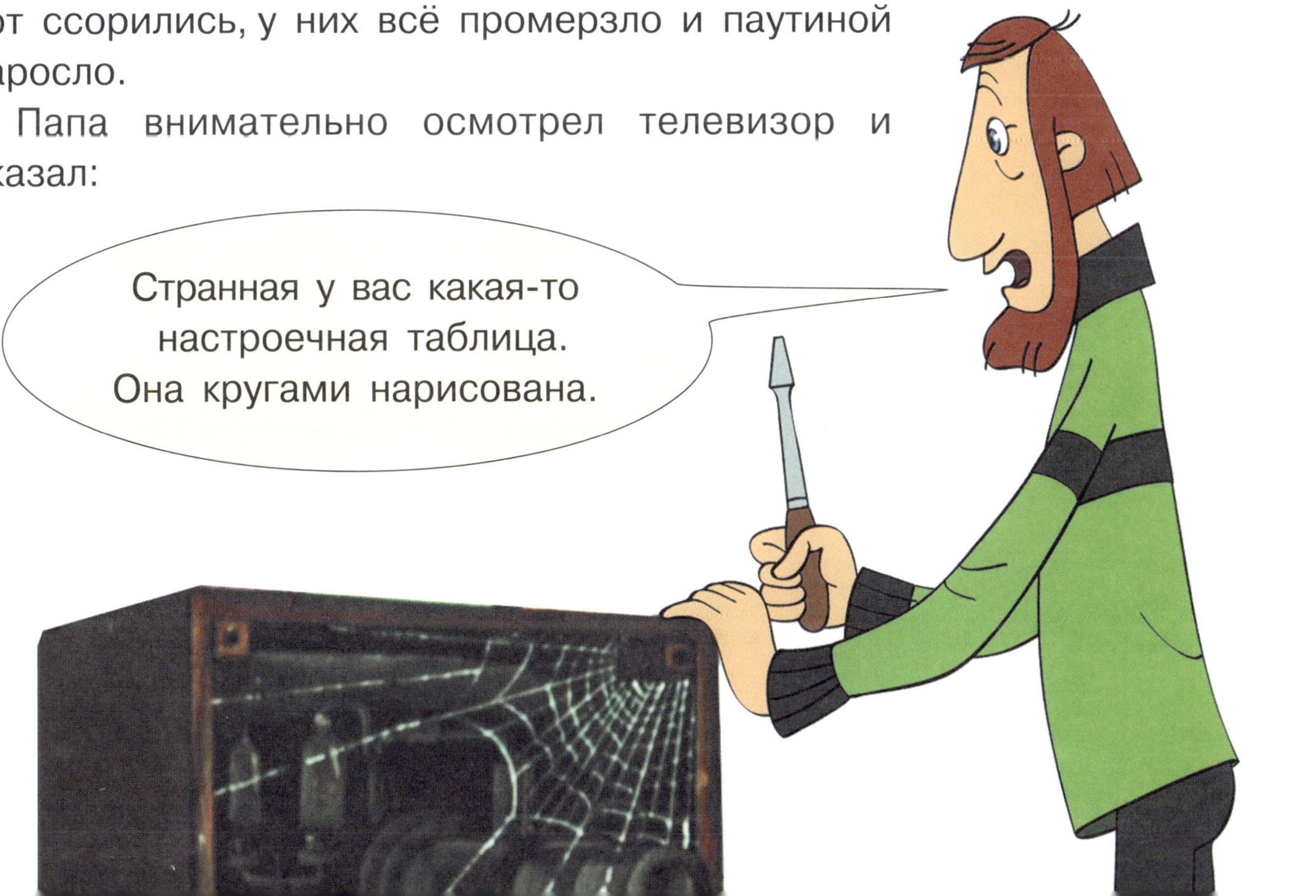

На это почтальон Печкин с ехидцей заметил:

Печкин был человек неплохой, только очень нехороший. Он всё время ехидничал.

Матроскин на это ехидство сказал:

А кот объяснил:

Он даже на радостях расцеловал Шарика.
Печкин на это сказал:

— Не уходите, дядя Печкин. Телевизор мы обязательно починим. Сегодня нашу маму в «Голубом огоньке» будут показывать.

И Печкин остался. Он в избе на лавку сел и в молчащий телевизор уставился.

Вдруг папа говорит:

— У вас во дворе прекрасная ёлка есть, живая, настоящая. Давайте её нарядим!

— Ура! — закричал Матроскин. — Давайте её нарядим. Только у нас игрушек нет. У нас наряжать нечем.

Тут Шарик про своё фоторужьё вспомнил:

— Караул! Так и Новый год прозевать можно. Остаться без фотографий.

Он за ружьём сбегал и стал примеряться:

Вообще-то говоря, вечность в фотографиях папы и дяди Фёдора особенно не нуждалась, но их мама, конечно, нуждалась. Она бы очень расстроилась, если бы таких фотографий не получила.

Пожалуй, здесь Шарик перетребовал, здравый смысл трудно показывать. Но фотографии вышли хорошие.

Чтобы здравого смысла было больше, Матроскин умный разговор завел:

Неожиданно Печкин из дома высунулся и так с намёком говорит:

— Смотрите, какая радость.

— Что за радость такая? — спрашивает папа.

Печкин кричит:
— Сейчас я вам этого дядю покажу!
И телевизор в окно выставил.

Тут папа успокоился:

Дядя Фёдор обрадовался:

— Ой, сейчас наша мама петь будет!

— Ничего не получится, — сказал Печкин. — У вашего телевизора звук не работает.

Дядя Фёдор загрустил:

И вдруг все услышали откуда-то издалека прекрасный мамин голос.

Печкин даже оторопел:

От удивления у него глаза из орбит вылезли и на ниточках повисли.

Потому что вместе с песней сама мама появилась.

Это не техника дошла! Это я сама сюда на лыжах дошла. А концерт был на плёнку записан. Дорогие вы мои!

Все как закричат:

Даже Печкин кричал, хотя «наша мама» ему мамой не была.

И тут все начали обниматься, и сама собой откуда-то возникла новогодняя песня.

И мама сказала самые главные слова:

УДК 821.161.1-93
ББК 84(2Рос=Рус)6
У77

Серия «Золотая коллекция СОЮЗМУЛЬТФИЛЬМА»
Литературно-художественное издание
Әдеби-көркем басылым
Для дошкольного возраста
Мектепке дейінгі жасқа арналған

Эдуард Николаевич Успенский

ЗИМА В ПРОСТОКВАШИНО

СОЮЗМУЛЬТФИЛЬМ

Сказочная повесть по мультфильму
«Зима в Простоквашино», Союзмультфильм, 1984

Художники-постановщики А. Винокуров, А. Шер

Дизайн серии и обложки *А. Логутовой*
Редактор *С. Младова*. Художественный редактор *О. Боголюбова*
Технический редактор *Е. Кудиярова*. Компьютерная вёрстка *А. Фёдоров*

Подписано в печать 11.12.2023. Формат 84x108/16
Печать офсетная. Бумага офсетная. Гарнитура Pragmatica
Усл. печ. л. 5,04. Тираж 5 000 экз. Заказ № 7492/23

Общероссийский классификатор продукции
ОК-034-2014 (КПЕС 2008) — 58.11.1 — книги, брошюры печатные

Книжная продукция ТР ТС 007/2011

Произведено в Российской Федерации. Дата изготовления: январь 2024

0+

Изготовитель: ООО «Издательство АСТ»
129085, Российская Федерация, г. Москва,
Звёздный бульвар, д. 21, стр. 1, комн. 705, пом. I, 7 этаж

Адрес места осуществления деятельности по изготовлению продукции:
Российская Федерация, 123112, г. Москва, Пресненская набережная, д.6, стр.2,
Деловой комплекс «Империя», 14, 15 этаж
Наш электронный адрес: ask@ast.ru. Сайт: www.ast.ru

6-

КО ТР 007/2011 техникалық регламентінің талаптарына сәйкес келеді
Ресей Федерациясында өндірілген
Өндіруші: «Издательство АСТ» ЖШҚ
129085, Ресей Федерациясы, Мәскеу,
Звёздный бульвары, 21-үй, 1-құрылыс, 705-бөлме, I үй-жай, 7-қабат
Біздің электрондық мекенжаймыз : www.ast.ru E-mail: ask@ast.ru

Өнім өндіру қызметін жүзеге асыру мекенжайы:
123112, Ресей Федерациясы, Мәскеу, Пресненская жағ., 6-үй, 2-құр.,
«Империя» іскерлік кешені, 14, 15-қабат
Интернет-дүкен: www.book24.kz
Импортер в Республику Казахстан и Представитель по приему претензий
в Республике Казахстан — ТОО РДЦ Алматы, г. Алматы.
Қазақстан Республикасына импорттаушы «РДЦ-Алматы» ЖШС.
Дистрибьютор және Қазақстан Республикасында өнімге шағымдар қабылдау жөніндегі өкіл: «РДЦ-Алматы» ЖШС.
Домбровский көш., 3«а», Б литері, офис 1.
Тел.: 8(727) 2 51 59 90,91 ,факс: 8 (727) 251 59 92 ішкі 107;
E-mail: RDC-Almaty@eksmo.kz , www.book24.kz
Тауар белгісі: «АСТ» Өндірілген күні: қаңтар 2024
Өнімнің жарамдылық мерзімі шектелмеген. Сертификаттауға жатады

Отпечатано в соответствии с предоставленными материалами в ООО «ИПК Парето-Принт»,
170546, Тверская область, Промышленная зона Боровлево-1, комплекс 3А, www.pareto-print.ru

Успенский, Эдуард Николаевич.
У77 Зима в Простоквашино. Союзмультфильм : [сказочная повесть по мультфильму] / Э. Успенский. — Москва : Издательство АСТ, 2024. — 46, [2] с. : ил. — (Золотая коллекция СОЮЗМУЛЬТФИЛЬМА).

ISBN 978-5-17-161220-7.

Зима в Простоквашино снежная, сугробы выше головы. А Шарик с Матроскиным ссорятся и вредничают, спорят, кому дверь в дом закрывать. Печку не топят, поэтому в избе холоднее, чем на улице. И вдруг радость — дядя Фёдор приедет Новый год встречать! Тут уж не до ссор, надо, чтобы дома было тепло, чисто и уютно. Тогда и мама приедет. Читайте сказочную повесть Эдуарда Успенского «Зима в Простоквашино» с картинками из знаменитого одноимённого мультфильма!
Для дошкольного возраста.

УДК 821.161.1-93
ББК 84(2Рос=Рус)6

Мы в социальных сетях. Присоединяйтесь!
https://vk.com/ast.deti
https://zen.yandex.ru/astdeti
https://t.me/astdeti

СОЮЗ МУЛЬТ ФИЛЬМ